FACULTÉ DE DROIT DE PARIS.

THÈSE

POUR

LA LICENCE.

PARIS,
IMPRIMERIE D'AMÉDÉE SAINTIN,
RUE SAINT-JACQUES, 38.

1840

FACULTÉ DE DROIT DE PARIS.

THÈSE
POUR LA LICENCE.

L'Acte public, sur la matière ci-après, sera soutenu le vendredi 24 avril 1840, à neuf heures,

PAR CLAUDE-ÉTIENNE BRELET,
Né à Villers-le-Sec (Doubs).

Président : M. DUCAURROY, professeur.

Suffragans :
{ MM. BERRIAT-SAINT-PRIX,
DE PORTES,
PONCELET,
DELZER, suppléant. } Professeurs.

Le Candidat répondra en outre aux questions qui lui seront faites sur les autres matières de l'enseignement.

PARIS,
IMPRIMERIE D'AMÉDÉE SAINTIN, RUE SAINT-JACQUES, 38.

1840

A MON PÈRE, A MA MÈRE,

PIÉTÉ FILIALE.

———

A MES SŒURS CHÉRIES,

JEANNE-CHRISTINE ET MARIE-JOSÉPHINE,

AMITIÉ ÉTERNELLE.

C. E. BRELET.

JUS ROMANUM.

UT LEGATORUM SEU FIDEICOMMISSORUM SERVANDORUM CAUSA CAVEATUR.

Dig., lib. 36, tit. 3.

Legatum quâ latissime patet, est donatio testamento facta. At verò propter juris statum præsentem et quia legatum fideicommissis assimilatur, dici potest : donatio quædam à defuncto relicta.

De definitione legati, hactenus ; nunc de satisdatione quam ab hærede dari necesse est. Quæquidem cautio sive legatum fideicommissumve absolutè factum fuerit, sive positâ quadam conditione ; quin et sive ex integra successione constet, sive ex parte tantum, exigi pariter potest. De quo tamen notandum, si quis ex testamento debitum remiserit, debitorem non posse ab hærede satisdationem postulare, quippe cui, nulla, ex mala fide, exceptio erit præmittenda.

Nulla nec ab ærario datur satisdatio, nec à civitatibus, quæ tamen polliceantur se defuncti voluntatem expleturas necesse est.

Item non satisdatur si testator ita rem se habere voluerit ; his autem exceptis, quivis hæres, quantæcumque sit dignitatis, vel opulentiæ, satisdare tenetur ; nec saltem legatariis sed et eorum hæredibus, ipsisque legatariorum procuratoribus, quiquidem, si absens sit legatarius, ita cavere debere, ait Ofilius, *si is, cujus nomine caveat, vivat* : videlicet ne teneatur illo ante defuncto.

Legatarius si non est sui juris, ei fiat satisdatio sub cujus potestate est, si modo eadem futurus sit conditione quum legati dies cedit ; si quidem iniquum esse visum est, patri cautum esse quum alii legatum debeatur.

Hæres, rursus, exigere potest ab eo qui legatarium se affirmat ut quodam modo, sibi ipsi legatum fieri confirmet ; nec semel data cautione, iterum aliam dari, teneri potest, nisi prior intereat, vel fortunis omnibus evertatur.

Quæquidem cautio non alias exhibenda est quàm, vel ubi hæres domicilium habet vel ubi est pars major hæreditatis.

Data semel cautione legata quidem debentur, sed exigi non possunt in præsenti; nec prius sponsor appellari potest quam in jus debitor fuerit vocatus, excepto tamen si vacat successio, ex eo quod hæreditas vicem personæ sustineat.

Ex hâc stipulatione præstandum venit, ex mora, quidquid hæres debeat et incrementa omnia; si vero legatarius ex parte legati fuerit frustratus, pariter et sponsio imminuitur, sed evanescit si legatarius, pendente conditione, decesserit.

UT IN POSSESSIONEM LEGATORUM VEL FIDEICOMMISSORUM SERVANDORUM CAUSA ESSE LICEAT.

Dig., lib. 36, tit. 4; C., lib. 6, tit. 54.

Cautio, de quâ in titulo præcedenti dictum fuit, si, cum dari deberet tamen non fuerit data, tunc prætor, ne legata vel fideicommissa irrita fiant, legatarios et fideicommissarios jubet ipsam adire hæreditatem et eo ipso, ii jus pignoris habent, quo cavetur ipsis contra venditionem earum quibus legata fideicommissave constant.

At verò si qua res est quam legatariis specialiter pignori esse voluit testator, in eam rem potissimum fit hæc missio, sed et quoque in cætera bona hæreditaria fit.

Quivis legatarius in possessionem partus ancillarum mitti potest, et fœtus pecorum et fructus cujusvis sint naturæ.

Nunc verò locum non habet illa missio in possessionem, si res extra commercium versantur, etiamsi dolus ex parte hæredis adfuerit; attamen non ideo legatarius in possessionem bonorum hæredis mittatur, si nullum sit pignus ex hæreditate præbendum, sed per prætorem, actiones hæreditarias, utpote legatarius persequatur.

Si legatarius vi impeditur quin veniat in possessionem, habet interdictum: *Ne vis fiat ei qui in possessionem missus erit;* quin et introduci potest aut per viatorem, aut per officialem præfecti, aut per magistratus. At verò semel cum in possessionem venerit, ejus est tum curare, tum conservare dum fideicommissum debetur, aut aliquando fiat satisdatio.

Præter eam, de quâ jam diximus, dictamque prætoriam, alia est satisdatio cujus auctor Marcus Antoninus; sic Julio Balbo rescripsit : eum à quo res fideicommissæ petebantur, cum appellasset, cavere, vel si caveat adversarius transferri possessionem debere. Quam sit justum tale rescriptum neminem fugiet, quia actioni prætoriæ jam locus esse non potest, si primum res ad judicem venerit.

Est aliud, ejusdem M. Antonini, rescriptum de legatariis et fideicommissariis. Ii, inquit, in possessionem mittantur fortunarum defuncti, quin et hæredis ipsius, si non satisfecerit intra sextum mensem ex quo fuit in judicium vocatus; missique fructus percipiant quos primum pro usuris dein pro sorte ipsa habebunt.

INTERDICTUM QUOD LEGATORUM.

Dig., lib. 43, tit. 3.

Interdictum, in genere, est jussum ab ipso magistratu datum, ne partes ad convicia veniant; quod tunc maxime faciebat, ait Caius, cum de possessione aut quasi possessione inter aliquos contendebatur.

Interdictum de quo in isto titulo, nempe *quod legatorum*, ad id spectat ut quod quis legatorum nomine non ex voluntate hæredis occupavit, id restituat hæredi; siclicet à legislatore introductum fuit quasi temperamentum juri quo legatarius potest legato potiri. Quod si hæres fuerit adductus ut de eâ re consentiat, nullum ei interdictum remanet invocandum.

Interdictum de quo nunc agitur ad hæredem pertinet, nec non ad hæredem hæredis quin et ad alios successores, modo tamen satisdatio legatario detur, etsi per procuratorem fiat, satis est.

Quod si cautio ad quædam tantum, exceptis aliis, spectet, non nisi ut priora reddantur valet interdictum.

Ex hoc interdicto qui non restituit hæredi in id quod interest, debet condamnari.

DROIT FRANÇAIS.

Code Civ., liv. 3, tit. 2, ch. 5, sect. 1, 2, 3, 4, 5, 6, 7, art. 967 à 1034. — Loi sur le notariat du 25 ventôse an xi. — Code de proc., art. 916, 917, 920.

Le testament est un acte par lequel une personne dispose de tout ou partie des biens qu'elle laissera à son décès, et qu'elle peut toujours révoquer.

Le testament a été considéré chez tous les peuples comme une institution du droit civil; le Code a consacré ces principes, qui paraissent toutefois avoir été modifiés par la loi du 14 juillet 1819, conférant aux étrangers la faculté de disposer par testament de leurs biens situés en France.

SECTION PREMIÈRE.

DES RÈGLES GÉNÉRALES SUR LA FORME DES TESTAMENTS.

Toute personne peut tester, si cette faculté ne lui a pas été enlevée par une disposition spéciale de la loi, soit sous le titre d'institution d'héritier, soit sous toute autre dénomination propre à manifester sa volonté, et sans être tenue d'employer aucune expression sacramentelle. Le testament, étant un acte essentiellement dépendant de la volonté de son auteur, doit être à l'abri de toute influence étrangère; c'est pourquoi le législateur déclare qu'un testament ne peut être fait dans le même acte par deux ou plusieurs personnes, soit au profit d'un tiers, soit à titre de disposition réciproque et mutuelle (1).

Les formalités du testament varient suivant l'espèce d'acte qu'il plaît au testateur d'adopter, et suivant les circonstances particulières dans lesquelles il se trouve placé au moment du testament.

Le droit civil reconnaît trois manières de tester : 1° le testament olographe ; 2° celui par acte public ; 3° et celui en la forme mystique.

§ Ier.

TESTAMENT OLOGRAPHE (2).

Le testament olographe est celui qui est écrit en entier, daté et signé de la main du testateur ; ces conditions sont essentielles, mais elles sont suffisantes. Il peut être fait par une lettre missive contenant une disposition précise : de simples promesses ne pourraient suffire. Quelques mots écrits par une main étrangère dans le testament, sans l'aveu du testateur, ne le vicieraient pas ; les renvois, apostilles, ratures, interlignes ne le vicieraient pas non plus, quoique non approuvés.

La date peut être placée au commencement, au milieu ou à la fin du testament ; elle peut être en chiffres, elle peut même être suppléée par des équipollences ; car la date n'est que l'indication précise du temps où un acte a été fait.

La signature, complément nécessaire des formalités indiquées par l'art. 970,

---

(1) L'origine des testaments mutuels remonte à l'empereur Valentinien ; ils furent en usage en France jusqu'en 1735, époque à laquelle une ordonnance abrogea les testaments ou codicilles mutuels, ou faits conjointement, sans préjudice néanmoins de l'exécution des actes de partage entre enfants et descendants.

(2) Valentinien et Théodose (dans la Novelle 4) sont les premiers législateurs qui aient parlé du testament olographe. Justinien ne conserva cette forme qu'en faveur de certaines personnes privilégiées ; plus tard elle reparaît dans les lois des Wisigoths, où l'on trouve ces paroles : *Manu propria scribat ea quæ ordinare desiderat, dies quoque et annus habeatur in eis evidenter expressus ; deinde toto scripturæ textu conscripto, rursum auctor ipse subscribat.* Il n'était admis en France que dans les pays coutumiers.

doit terminer l'acte; d'où il faut conclure que les dispositions qui la suivraient, mais celles-là seulement, doivent être annulées.

Le Code de procédure civile indique, art. 916, 917, 918 et 920, diverses mesures à prendre pour assurer la conservation des testaments olographe et mystique qui peuvent se trouver dans les papiers d'un défunt. Ainsi le juge de paix, sur la réquisition de toute partie intéressée, doit, avant l'apposition des scellés, faire la perquisition du testament dont l'existence est annoncée; s'il trouve un testament, ou autres papiers cachetés, il doit en constater la forme extérieure, le sceau et la suscription, s'il y en a; parapher l'enveloppe, avec les parties présentes; la faire signer, si elles savent ou le peuvent faire; faire constater l'état du testament qui serait trouvé ouvert; dans tous les cas, indiquer le jour et l'heure où il sera par lui présenté au président du tribunal de première instance qui, après en avoir constaté la présentation, l'ouverture et l'état, en ordonne le dépôt entre les mains d'un notaire par lui commis.

Nous ferons ici une observation qui s'applique aux testaments, en quelque forme qu'ils soient : c'est qu'ils sont à l'abri de toute prescription pendant la vie du testateur.

§ II.

DU TESTAMENT PAR ACTE PUBLIC.

Le testament par acte public est celui qui est reçu par le ministère des notaires (1); il est astreint à des formes rigoureuses, parce que souvent l'homme n'a recours à ce moyen d'exprimer sa volonté que lorsqu'il ne jouit plus de la plénitude de ses facultés morales, ou lorsqu'il n'a pas les capacités suffisantes pour profiter du bénéfice de l'art 970.

Comme disposition de dernière volonté, le testament public est assujetti à quelques règles particulières; comme acte notarié, il demeure soumis à toutes

---

(1) Sous l'empire du Code, le testament public, sauf les exceptions portées en l'article 981 et suivants, ne peut être reçu que par les notaires, qui dans les temps antérieurs partageaient cette prérogative avec les curés, les desservants et vicaires, les officiers de justice et greffiers, et enfin avec les officiers municipaux. (Art. 27 de l'ordonnance d'Orléans et 63 de celle de Blois, qui furent modifiées par les art. 24 et 25 de l'ordonnance de 1735.)

les prescriptions communes aux actes de cette nature. Aussi appliquerons-nous la loi du 25 ventôse an xi, toutes les fois qu'il n'y aura pas été dérogé par le Code civil.

On peut réduire à huit le nombre des règles spécialement exigées pour la validité du testament par acte public : 1° il doit être reçu par un notaire en présence de quatre témoins, ou par deux notaires en présence de deux témoins ; 2° il doit être dicté par le testateur au notaire, ou à l'un d'eux ; 3° il ne peut être écrit que par le notaire ; 4° il doit être écrit tel qu'il est dicté, ce qui s'interprète en ce sens, que le notaire ne peut rien changer à la substance des dispositions du testateur ; 5° il n'en peut être donné lecture au testateur qu'en présence des témoins ; 6° il doit être fait mention expresse de l'accomplissement de toutes ces formalités ; 7° il doit être signé par le testateur, les témoins et le notaire ; dans les campagnes, il suffit que la moitié des témoins sache signer ; si le testateur déclare ne savoir ou ne pouvoir signer, le notaire doit faire dans l'acte mention expresse de sa déclaration, ainsi que de la cause qui l'empêche de signer ; 8° enfin, les témoins doivent être mâles, majeurs, sujets du roi, avoir l'exercice des droits civils et n'être ni sourds, ni aveugles, ni muets ne sachant pas écrire.

Indépendamment des qualités absolues que nous venons d'énumérer, comme indispensables aux témoins, il en existe encore de relatives signalées par l'art. 975 du Code civil. Ainsi ne peuvent être témoins les légataires, à quelque titre qu'ils soient, ni leurs parents ou alliés jusqu'au quatrième degré inclusivement, ni les clercs des notaires par qui le testament est reçu.

Les notaires ne peuvent instrumenter hors de l'étendue de leur ressort, sous peine de tous dommages et intérêts et même de nullité ; on doit également leur appliquer les incapacités établies par les art. 8 et 10 de la loi du 25 ventôse, qui décident qu'ils ne peuvent recevoir des actes dans lesquels leurs parents ou alliés en ligne directe, à tous les degrés et en collatérale jusqu'au degré d'oncle et de neveu, seraient parties ou qui contiendraient quelques dispositions en leur faveur, et que deux notaires, parents ou alliés aux degrés ci-dessus, ne peuvent concourir au même acte.

Nonobstant le silence du Code, la date du testament public doit être considérée comme une formalité essentielle. (Loi de ventôse, art. 12.)

§ III.

DU TESTAMENT MYSTIQUE (1).

Celui qui veut tenir secrètes ses dernières volontés et leur donner un caractère authentique, peut employer le testament mystique. Pour disposer en cette forme, il faut non-seulement avoir la capacité générale de tester, mais, de plus, satisfaire à certaines conditions inhérentes à la nature de cette espèce d'acte.

On trouve dans les articles 976 et 977 les formalités du testament mystique ; elles sont au nombre de six : 1° il doit être signé par le testateur, s'il sait et peut signer ; dans le cas contraire, il est appelé un témoin de plus, avec mention de la cause qui le fait appeler ; 2° le testateur doit le présenter lui-même, clos et scellé au notaire, en présence de six témoins, qui peuvent être choisis parmi les légataires ; 3° s'il est présenté ouvert, il doit être clos et scellé par le notaire en présence de témoins ; 4° le testateur doit déclarer que le papier qu'il présente est son testament, écrit par lui ou par un autre, mais signé de lui ; si le testateur qui sait écrire ne peut parler, il peut faire un testament mystique, à la charge de l'écrire, dater et signer de sa main, de le présenter au notaire et aux témoins, et d'écrire en leur présence, sur l'enveloppe, que le papier qu'il présente est son testament ; il doit être fait du tout mention expresse dans l'acte de suscription ; 5° l'acte de suscription, que le notaire n'est pas rigoureusement tenu d'écrire, doit être signé par le notaire, tous les témoins et le testateur, sauf le cas où celui-ci ne pourrait plus signer ; il est alors fait mention de sa déclaration à cet égard ; 6° enfin, toutes ces opérations doivent être faites de suite et sans divertir à autres actes.

Le notaire, après avoir écrit comme personne privée un testament qui contient des dispositions en sa faveur, peut recevoir l'acte de suscription ; car il n'atteste, en ce cas, rien qui le concerne personnellement. Mais, au reste, les incapacités prononcées par les articles 6, 8 et 10 de la loi de ventôse ne cessent pas d'être applicables au testament mystique.

La nullité de l'acte de suscription n'empêche pas le testament de valoir

---

(1) Les formes du testament mystique furent réglées par les art. 6, 9, 10, 12 et 38 de l'ordonnance de 1735, dont les dispositions sont entièrement passées dans le Code.

comme olographe, si d'ailleurs il a été écrit en entier, daté et signé de la main du testateur.

Nous avons à la section première, § Ier, rappelé les dispositions du Code de procédure, communes aux testaments olographe et mystique ; c'est pourquoi nous nous bornerons à dire ici que l'ouverture du testament mystique ne pourra se faire qu'en présence de ceux des notaires et témoins, signataires de l'acte de suscription, qui se trouveront sur les lieux, ou eux appelés. (1007).

SECTION DEUXIÈME.

DES RÈGLES PARTICULIÈRES SUR LA FORME DE CERTAINS TESTAMENTS.

Il est des circonstances où le législateur ne pourrait prescrire l'emploi rigoureux des formalités ordinaires, sans enlever à un grand nombre de citoyens la faculté de tester ; c'est pourquoi, dans la section 2 du livre 3, titre 2, chap. 5, il trace avec soin des dispositions particulières :

1° Au testament militaire ;
2° Au testament fait pendant une maladie contagieuse ;
3° Au testament fait pendant un voyage maritime ;
4° Enfin, à celui fait par un Français en pays étranger.

Dans l'article 981 et suivants, le Code règle les formes qui seront employées dans ces diverses situations pour la validité du testament, les personnes par lesquelles il sera reçu, les précautions à prendre pour le soustraire à toute chance de perte, et enfin, le temps pendant lequel il sera valable. Le délai varie suivant les circonstances.

Ces testaments exceptionnels ne peuvent être employés que dans les cas prévus ; car, dit Ricard, s'il était de la justice du législateur de se prêter à la nécessité des circonstances, il était de sa sagesse d'arrêter la faveur du privilége au point où aurait pu commencer l'abus.

Le Français qui se trouve en pays étranger peut disposer de ses biens par testament olographe, en suivant les prescriptions de la loi française, art. 970. Il n'y a donc pas lieu, dans ce cas, à l'application de la maxime *locus regit actum*, mais bien dans celui où le Français voudrait tester de toute autre manière. Dans tous les cas, les testaments faits en pays étrangers ne peuvent être exécutés en France, qu'après leur enregistrement au bureau du domicile du testateur et à celui de la situation des immeubles, en payant un droit unique pour cette double formalité.

SECTION TROISIÈME.

DES INSTITUTIONS D'HÉRITIERS ET DES LEGS EN GÉNÉRAL.

Après avoir traité des règles relatives aux formes du testament, nous passons aux principes qui régissent le fond des dispositions testamentaires. Suivant le Code, elles sont de trois sortes : universelles, à titre universel, ou à titre particulier.

La France, avant 1789, obéissait à deux systèmes de législation opposés ; dans le pays de coutume on ne reconnaissait d'héritier que celui qui tenait son titre de la loi ; dans le pays de droit écrit, au contraire, c'était la volonté de l'homme qui faisait les héritiers. Le Code civil, en rejetant ces systèmes exclusifs, a permis au testateur de disposer de tout ou partie de ses biens, soit sous la dénomination d'institution d'héritier, soit sous celle de legs, en se conformant aux dispositions des art. 913 et 915.

Le legs peut être pur et simple, à terme ou conditionnel ; s'il est pur et simple, il donne au légataire, du jour du décès du testateur, un droit à la chose léguée, droit transmissible à ses héritiers ou ayants cause ; il en est de même s'il est à terme ; seulement le légataire ne peut en exiger la délivrance avant l'expiration du délai fixé ; enfin, s'il est conditionnel, il ne donne aucun droit au légataire avant l'arrivée de la condition.

Le débiteur du legs d'une chose indéterminée n'est pas obligé de la donner de la meilleure qualité, et il ne peut l'offrir de la plus mauvaise. Il n'est pas tenu, à moins qu'il n'en soit expressément chargé par le testateur, de dégager les immeubles des hypothèques qui pourraient les grever. (1022, 1020.)

La chose léguée doit être délivrée dans l'état où elle se trouve au moment du décès et avec tous ses accessoires. Le débiteur du legs n'est tenu que des détériorations qui viennent de sa faute, s'il s'agit d'un corps certain ; s'il s'agit d'une quantité ou d'une chose indéterminée, la perte sera toujours supportée par lui, parce que les quantités et les genres ne périssent pas. (1018, 1020, 1245.)

Puisque le legs est une libéralité, celui qui est fait au créancier n'est pas censé fait en compensation de sa créance, ni celui fait au domestique en compensation de ses gages. (1023.)

Le Code, sans s'arrêter à la distinction du droit romain, rejette purement et simplement le legs de la chose d'autrui. (1021.)

La loi accorde au légataire trois actions pour le paiement de son legs, savoir : 1° l'action personnelle qui naît de l'obligation contractée par les héritiers ou autres débiteurs de legs, au prorata de leur émolument, en acceptant la succession ; 2° l'action hypothécaire, seulement sur les biens recueillis dans la succession du testateur ; 3° enfin, l'action réelle qui naît avec le droit de propriété. (1004, 1006, 1011, 1014, 1017, 2111.)

Les frais occasionnés par la demande en délivrance sont à la charge de la succession, sans qu'il puisse en résulter une réduction au préjudice de la réserve légale. Les frais de mutation, au contraire, sont à la charge du légataire, qui peut payer séparément les droits dus à raison de la disposition qui le concerne. (1016.)

SECTION QUATRIÈME.

DES LEGS UNIVERSELS.

Le legs universel est la disposition par laquelle le testateur donne à une ou plusieurs personnes *conjointement* l'universalité des biens qu'il laissera à son décès. (1003.)

Le principal avantage du légataire universel, c'est la saisine légale qui lui est accordée quand il se trouve en concours avec des héritiers non légitimaires ; mais s'il existe des héritiers à reserve, la loi n'attribue à la disposition universelle que les effets ordinaires d'un legs : alors, si le légataire forme sa demande en délivrance dans l'année du décès du testateur, il jouit des fruits à compter de ce décès ; s'il n'agit qu'après une année, sa jouissance ne commence que du jour de la demande ou de la délivrance volontairement consentie. Il est ten u des dettes et charges personnellement pour sa part et portion, et hypothécairement pour le tout. Il en est différemment s'il est saisi de plein droit, car il représente la personne du défunt et peut être tenu *ultra vires*, s'il a accepté sans avoir auparavant fait sa déclaration, au greffe, qu'il entend n'accepter que sous bénéfice d'inventaire. Il doit se faire envoyer en possession, par le président du tribunal de première instance de l'arrondissement dans lequel la succession est ouverte, si ses droits résultent d'un testament olographe ou mystique. (1007, 1008.)

Les legs ne peuvent grever le légitimaire, qui doit toujours obtenir sa réserve. Ils doivent donc être acquittés, sauf le cas de réduction, par le légataire universel, alors même qu'ils absorberaient toute la succession. Ainsi le Code civil a complétement abrogé la loi Falcidie, suivie dans les pays de droit écrit et d'après laquelle l'héritier devait avoir au moins le quart de l'hérédité, toutes dettes déduites; les législateurs de 1803 ont adopté de préférence les dispositions du droit coutumier, suivant lequel le légataire universel était tenu d'acquitter tous les legs, jusqu'à concurrence de l'émolument.

SECTION CINQUIÈME.

DU LEGS A TITRE UNIVERSEL.

Le legs à titre universel est celui par lequel le testateur lègue une quote-part des biens dont la loi lui permet de disposer, telle qu'une moitié, un tiers, ou tous ses immeubles, ou tout son mobilier, ou une quotité fixe de tous ses immeubles, ou de tout son mobilier. (1010.)

Le légataire à titre universel est toujours tenu de demander la délivrance à ceux qui ont la saisine; il a les mêmes droits et il est tenu des mêmes obligations que le légataire universel en concours avec des héritiers; mais puisqu'il n'est qu'un successeur aux biens, il n'est jamais tenu au paiement des dettes que jusqu'à concurrence de son émolument. (1011-1012.)

Dans le cas où le testateur n'a disposé que d'une partie de la quotité disponible, le légataire à titre universel n'est tenu d'acquitter les legs particuliers que par contribution avec les héritiers naturels. (1013.)

SECTION SIXIÈME.

DES LEGS PARTICULIERS

Le legs particulier est celui par lequel le testateur lègue un objet déterminé de sa succession.

Le légataire particulier doit demander la délivrance au débiteur du legs ; il ne peut réclamer les fruits qu'à compter du jour de la demande, ou du jour auquel cette délivrance lui a été volontairement consentie. Cette règle souffre exception lorsque le testateur a exprimé une volonté contraire, soit en le déclarant expressément, soit en léguant une rente viagère, ou une pension à titre d'aliments. (1015.)

Si l'immeuble légué a été ensuite augmenté par des acquisitions, même contiguës, elles ne sont pas censées faire partie du legs, sans une nouvelle disposition; il en est autrement des embellissements et des constructions nouvelles faites sur le fonds légué, ou d'un enclos dont le testateur a augmenté l'enceinte. (1019.)

L'on peut conclure de l'article 1022 que le choix appartient à l'héritier, lorsque le legs est d'un corps indéterminé ; il peut appartenir au légataire lorsqu'il lui a été déféré par le testateur.

Le légataire à titre particulier n'est pas tenu des dettes de la succession, mais il est sujet à la réduction pour parfaire la réserve des légitimaires, et de plus il est soumis à l'action hypothécaire (1024), sauf son recours contre les héritiers et successeurs à titre universel (874).

SECTION SEPTIÈME.

DES EXÉCUTEURS TESTAMENTAIRES (1).

L'exécution testamentaire, dont nous trouvons les premières traces dans la novelle 68 de l'empereur Léon à Stylianus, est un mandat donné par le testateur, qui craint de voir l'exécution de ses dernières volontés retardée ou éludée par la mésintelligence, la négligence ou la mauvaise foi de ses héritiers. (1025).

Cette espèce de mandat a cela de particulier, qu'il ne commence qu'à la mort du mandant.

Le testateur peut donner à l'exécuteur testamentaire la saisine, que celui-ci ne peut exiger, de tout ou partie de son mobilier, dans la crainte qu'il ne soit détourné au préjudice des légataires. Cette saisine n'empêche pas celle des héritiers ou légataires universels, et ne peut durer au delà de l'an et jour ; elle cesse si l'héritier offre somme suffisante pour acquitter les legs mobiliers, ou justifie de ce paiement. (1026, 1027.)

Contrairement aux principes ordinaires du mandat, l'exécution testamentaire ne peut être confiée qu'à celui qui peut s'obliger ; d'où il faut conclure que les mineurs en sont exclus, et que la femme mariée ne peut l'accepter qu'avec le consentement de son mari, si elle est commune, ou, à son refus, avec l'autorisation de justice, si elle est séparée de biens. (1028, 1029, 1030, 1990.)

Les devoirs des exécuteurs testamentaires sont tracés dans l'article 1031 ; ils doivent faire apposer les scellés s'il y a des mineurs, des interdits, des absents ; faire faire, en présence de l'héritier présomptif, ou lui dûment appelé, l'inventaire des biens de la succession ; provoquer la vente du mobilier, à défaut de deniers suffisants pour acquitter les legs ; assurer, par tous les moyens possibles, l'exécution du testament, ce qui emporte le droit d'intervenir dans les contestations pour en soutenir la validité ; enfin, ils doivent, à l'expiration de l'année du

---

(1) On trouve, dès l'année 1377, dans les lois et les coutumes françaises, des vestiges de l'exécution testamentaire. (*Voir* Beaumanoir en ses coutumes du Beauvoisis, chap. 12, et Duluc, lib. 9, tit. 7, art. 4.)

décès du testateur, rendre compte de leur gestion. Leurs fonctions sont personnelles, et, en cas de mort, ne passent point à leurs héritiers (1032).

S'il y a plusieurs exécuteurs testamentaires, qui tous aient accepté, ils sont solidairement responsables du compte du mobilier qui leur a été confié; un seul, en ce cas, peut agir pour tous les autres. Si tous n'ont pas accepté, aucun ne peut agir; car ce concours de lumières et de fortunes, sur lequel avait peut-être compté le testateur, n'existe plus. Leurs fonctions peuvent être divisées ; alors chacun, en se renfermant dans celles qui lui sont attribuées, ne répond que de ce qui le concerne. (1033).

Tous les frais faits par les exécuteurs testamentaires sont supportés par la succession, qui doit les indemniser, en outre, de toutes pertes occasionnées par l'exécution du mandat.

www.ingramcontent.com/pod-product-compliance
Lightning Source LLC
Chambersburg PA
CBHW061524040426
42450CB00008B/1785